Topos Taschenbücher
Band 178

Josef Osterwalder

Erzähl mir eine Geschichte von Gott

Kleines Glaubensbuch
für Kinder, Eltern und Erzieher

Topos Taschenbücher

CIP-Titelaufnahme der Deutschen Bibliothek

Osterwalder, Josef:
Erzähl mir eine Geschichte von Gott: kleines Glaubensbuch für Kinder, Eltern u. Erzieher / Josef Osterwalder. – 1. Aufl. – Mainz: Matthias-Grünewald-Verl., 1988

(Topos Taschenbücher; Bd. 178)
ISBN 3-7867-1347-2

NE: GT

 1. Auflage 1988
Umschlag unter Verwendung einer Aufnahme von Foto Holder, 7432 Bad Urach
Satz: Georg Aug. Walter's Druckerei GmbH, 6228 Eltville am Rhein
Druck und Bindung: Clausen & Bosse, Leck

Inhalt

Vom Beten

Einleitung

Mit Kindern über den Glauben reden ist schön, einfach ist es nicht, und planen läßt es sich schon gar nicht.
Da macht eine Mutter eine schöne Adventsfeier, aber das Kind will nur die Kerzen ausblasen, um sie gleich wieder anzuzünden. Soll dann das gleiche Kind die Zähne putzen oder Hausaufgaben machen, fängt es plötzlich an, nach Weihnachten zu fragen.
In diesem Buch sind in kurzen Kapiteln die wichtigsten christlichen Lehren vom Glaubensbekenntnis, von den Sakramenten, von der Kirche, von den Geboten und vom Beten dargestellt; so, wie man dem Kind davon erzählen könnte. Meist sind es kurze Gleichnisgeschichten, hin und wieder Sachtexte. Die Geschichten stehen im Vordergrund, weil sie eher ein weiterführendes Gespräch ermöglichen.
Eingeleitet wird jedes Kapitel durch eine kurze „Rahmengeschichte". Es ist eine Begebenheit im Leben des „Jonas", eine Frage, die das Kind stellvertretend für Sabine, Peter, Melanie und Michael stellt – für alle Kinder, die täglich Eltern und Erziehern, Großeltern und Verwandten solche gar nicht leichten Fragen stellen.
Am Ende jedes Kapitels steht eine mögliche Reaktion des Jonas, ein Gedanke oder eine Gegenfrage.
Diese Rahmenhandlung will zeigen, daß ein Glaubensgespräch immer einen Anlaß hat, immer in einer konkreten Situation stattfindet – meist dann, wenn wir gar nicht damit rechnen.
Das Buch möchte eine Hilfe sein, auf solche Anlässe und Erlebnisse zu achten, aus denen heraus das Kind Fragen stellt. Übrigens: Es kann auch das Kind in unserem Inneren sein.

Glauben

Gott, mitten in unserem Leben

Lobe den Herren,
der alles so herrlich regieret,
der dich auf
Adlers Fittichen sicher geführet.

Erzähl mir eine Geschichte

Jonas ist zu rasch gerannt.
Er stürzt und schlägt sein Knie auf.
Er blutet, die Tränen schießen ihm in die Augen.
Ich hebe ihn auf, wasche sein Knie aus.
Immer noch Tränen.
„Erzähl mir eine Geschichte", sagt Jonas.
„Was für eine?"
„Erzähl mir eine Geschichte von Gott!"
„Wie?"
Jonas schluchzt: „Ich möchte eine Geschichte von Gott."
Mir bleibt nichts anderes übrig.
Ich möchte, daß Jonas nicht mehr weint.
„Meine Geschichte heißt: Als die Leute Gott vergaßen.
Ist das gut?" frage ich.
„Gut", sagt Jonas.

Als die Leute Gott vergaßen

Es war einmal eine kleine Stadt, gleich wie jede andere.
Nur, die Leute waren sehr vergeßlich.
Die Kinder vergaßen ihre Schulaufgaben.
Der Bahnhofsvorstand vergaß die Züge.

Der Vater vergaß die Schuhe auszuziehen, bevor er ins Bett ging.
Eines Tages vergaßen die Leute Gott.
Die Kirchentüren blieben geschlossen.
Keine Glocke läutete mehr.
Niemand betete.
„Warum seid ihr gestern nicht in die Schule gekommen?“ fragt der Lehrer am Montag.
„Gestern war Sonntag“, lachen die Schüler, „da haben wir frei!“
„Warum habt ihr frei?“ fragt der Lehrer.
Die Schüler schauen dumm drein. Sie hatten ja Gott vergessen. Also wissen sie jetzt auch nicht, warum am Sonntag schulfrei ist.
Bald feierte man Weihnachten.
„Wieso ist die Musik so leise?“ fragen die Kinder.
„Warum sind am Baum nur Kerzen?“
Niemand dachte mehr an Gott. Darum wußten sie auch nicht mehr, warum Weihnachten ein leises Kerzenfest ist.
Die Leute drehten die Lautsprecher auf, hängten an den Christbaum Papierschlangen und lärmten durch den Weihnachtsabend wie durch eine Faschingsnacht.
„Das Bild muß von der Plakatwand weg!“ schreit der Bürgermeister.
„Wer hängt denn da plötzlich das Bild eines verhungernden Kindes in unsere Straßen?
Das verunstaltet ja die ganze schöne Stadt!“
„Ja, natürlich“, sagt der Hausmeister im Rathaus.
Er hat ja Gott auch vergessen.
Er weiß darum nicht, daß das Bild ans Teilen erinnern will.
Rasch werden alle Hungerfotos mit Schokoladeplakaten überklebt.
Zwei Freunde haben Streit bekommen.
Sie werfen sich Schimpfwörter an den Kopf.
Sie schreien sich an, bis sie heiser sind.

„Jetzt habe ich keinen Freund mehr", denkt der eine traurig am anderen Morgen.
Auch er hat Gott vergessen.
Er weiß nicht, daß es auch nach einem Streit wieder gut werden kann.
Grau und eintönig wird es in der kleinen Stadt.
Die Leute sind laut und zerstritten.
„Mir ist, ich habe etwas vergessen!" sagen sie immer wieder.
Eines Tages bläst ein starker Wind über die Hausdächer, so stark, daß er die kleine Glocke im Turm bewegt.
Sie schlägt an.
Plötzlich bleiben die Leute stehen und schauen auf.
Und einer ruft: „Das haben wir vergessen: Gott!"

Jonas sagt:
„Ohne Gott ist die Stadt grau,
zerstritten,
häßlich,
laut.
In einer solchen Stadt gefällt es mir nicht.
Aber ich kenne jemand, der hat Gott nicht vergessen,
der betet oft
und dennoch streitet er immer wieder."
„Weißt du, was Jesus hier sagt?
Es kommt nicht darauf an, ob einer das Wort Gott oft in den Mund nimmt oder nicht.
Wichtig ist das:
Ob einer tut, was Gott will."

Gott, verborgen und nahe

Herr,
unser Herrscher,
wie gewaltig ist dein Name
auf der ganzen Erde.

Psalm 8

Jonas im Versteck

„Jonas!"
Immer wieder muß man ihn rufen, einmal, zehnmal.
Heute hilft alles Rufen nichts.
Jonas bleibt unsichtbar.
Da beginnt es hinter dem Vorhang zu kichern.
„Habt ihr mich nicht gesehen?" fragt er.
„Bestimmt nicht!"
„Ich war unsichtbar?"
„Sicher!"
„Erzähl mir, warum Gott unsichtbar ist!"

Gott ist anders

Niemand hat Gott je gesehen. Du kannst dir Gott nicht vorstellen.
Du sagst: Er ist groß. Er ist größer als groß!
Aber er ist auch ganz nahe, bei den kleinen Dingen. Er ist näher als nahe.
Wir können uns das nicht richtig vorstellen.
Einer hat gesagt:
Von Gott kann man nur etwas sagen: Er ist anders.
Er ist immer ganz anders, als wir denken.
Darum ist es so schwer, von Gott zu reden.

Man kann nur Vergleiche anstellen.
Einer sagt:
Gott ist für mich wie eine Hand, die mich stark und zugleich zärtlich hält.
Ein anderer:
Gott ist für mich wie ein kühler Schatten im Sommer, er läßt mich ausruhen bei sich.

Jonas sagt:
„Gott ist für mich wie eine Höhle, ich bin geborgen bei ihm."
Ich denke etwas ähnliches:
„Gott ist wie die Sonne, die ihre Strahlen auch in die dunkle Höhle schickt."

In der Hand eines Vaters

Ich glaube an Gott,
den Vater, den Allmächtigen,
den Schöpfer des Himmels und der Erde.

Ist Gott der Vorname?

„Wie ist das?" fragt Jonas, „Ist ‚Gott' der Vorname oder der Familienname?"
Ich kratze mich am Kopf.
Ja, wie ist das eigentlich?
„Weißt du", sage ich, „bei Gott ist es nicht so wie bei uns."
„Natürlich", sagt Jonas, „das weiß ich. Aber wie ist es nun?"
Da kommt mir zum Glück eine Geschichte in den Sinn: Wie Gott einen Namen bekommt.

Wie Gott einen Namen bekommt

Es war in alten Zeiten. Für Gott hatten die Menschen nur den einen Namen: Gott.
„Hat er keinen anderen?" fragten sie.
„Können wir ihm keinen anderen Namen geben?"
Die Menschen begannen nachzudenken. In einer Woche wollen sie wieder zusammenkommen. Dann soll jeder einen Namen für Gott mitbringen. Den schönsten werden sie auswählen und Gott geben.
Nach einer Woche sind sie wieder zusammen.
Der erste trägt eine Schale mit sich, in ihr brennt ein Feuer.

Er sagt: „‚Sonne', das ist der Name für Gott. Sie schenkt uns das Licht und die Wärme, sie treibt die Nacht zurück."
Auch der zweite trägt eine Schale in der Hand. Er hat sie mit Wasser gefüllt.
‚Wasser', so sollten wir Gott nennen, denn aus dem Wasser kommt alles Leben."
Der dritte bückt sich auf den Boden. Er nimmt Erde auf und läßt sie durch die Finger gleiten, dunkle, fruchtbare Erde.
„So sollten wir Gott nennen: ‚Erde', denn sie trägt uns und bringt die Nahrung hervor."
Der vierte hat ein Segel mitgebracht. Er hält es in die Höhe. Der Wind bläst hinein, es wölbt sich, will mit dem Wind fortfliegen.
„Das ist mein Name für Gott", sagt der vierte: „‚Luft, Wind', denn der Wind treibt die Schiffe an, und von der Luft leben wir, sie läßt uns atmen."
Unter ihnen ist ein Mann.
Er schweigt, er sagt kein einziges Wort.
Er hat ein kleines Kind im Arm.
Er wiegt es sanft.
„Und du", sagt einer, „was ist dein Name für Gott?"
Der Mann sagt immer noch nichts; er wiegt das Kind.
Alle werden still, schauen ihn an.
Plötzlich sagt einer: „Das ist der schönste Name für Gott: Vater."
„Ja", sagen alle: „Gott ist unser Vater".

„Warum haben sie gesagt: Vater, warum nicht Mutter?" fragt Jonas.
„Weißt du", sage ich, „bei Gott ist das so: Er ist ein Vater, der liebt und zärtlich ist wie eine Mutter."
„Ich glaube, ich sage zu Gott auch manchmal: Mutter", sagt Jonas.

Geschaffen von Gott

> Da formte Gott, der Herr, den Menschen
> aus Erde vom Ackerboden
> und blies in seine Nase den Lebensatem.
> So wurde der Mensch
> zu einem lebendigen Wesen.
>
> *Gen 2,7*

Sind die Menschen aus Lehm gemacht?

Jonas spielt mit Lehm. Er macht kleine Figuren: Schnecken, Elefanten, Vögel, Mäuse, Schlangen, Fische, einen ganzen Zoo.
Jonas ist mit Eifer dabei.
Lehm klebt an den Fingern, am Stuhl, auf dem Boden und auf seiner Nase.
„Stimmt das", fragt Jonas, „daß die Menschen aus Lehm gemacht sind?"
„Hm", sage ich, „darüber könnten wir heute abend 'mal reden."
„Nein jetzt", sagt Jonas.

Eine Erde für die Menschen

Jonas hat richtig gehört. So steht es in der Bibel:
„Gott der Herr formte den Menschen aus Erde.
Er hauchte ihn an und blies ihm das Leben ein."
Jonas dachte daran, als er seine Tiere aus Lehm formte.
Nur, bei Gott ist es sicher anders gewesen.
Wenn er etwas erschaffen will, dann braucht er keine Hände.
Es geht auch nicht so rasch, rasch, wie Menschen etwas machen.

Gott hat Zeit, unendlich viel Zeit.
Er hat Phantasie, unvorstellbar viel Phantasie.
Er schafft nicht nur eine Welt, einen Stern, sondern unzählige Sterne;
nicht nur eine Pflanze, sondern Pflanzen in Millionen von Arten;
nicht nur ein Tier, sondern die verschiedensten Tiere im Wasser, auf dem Land, in der Luft.
Er muß nicht mit den Händen eingreifen.
Er läßt die Erde in Milliarden von Jahren entstehen.
Zuerst ist sie ein feuriger Ball. Dann wird das Feuer ins Innere der Erde gebändigt.
Die Luft entsteht und das Wasser.
Die Erde wird bewohnbar, das Wunder des Lebens entsteht.
Es entwickeln sich kleine Pflanzen, große Pflanzen; kleine Tiere, große Tiere, bis es Zeit ist für den Menschen.
Wir können es uns nicht vorstellen, wie die Welt aus einem Feuerball langsam zur Erde wurde, auf der wir daheim sind.
„Gott hat es gemacht“, sagt die Bibel.
„Gott hat die Welt in sechs Tagen ins Leben gerufen“, heißt es an einer Stelle.
„Gott hat den Menschen aus Erde geformt“, heißt es an einer andern.
„Das Leben hat sich in Millionen von Jahren entwikkelt“, so denken wir heute.
Niemand war dabei.
Niemand weiß genau, wie es war; und doch glauben alle das gleiche:
Gott hat die Erde gewollt.
Gott hat das Leben gewollt und die Menschen.
Darum ist alles geworden.
Darum sagen wir: Gott hat sie erschaffen. Und wir sind seine Geschöpfe.

Jonas hat seinen Zoo fertig.
Viele Tiere sind ihm in den Sinn gekommen.
Jetzt macht er ein Pflanzenmuseum.
Alle Sorten von Blumen und die Blätter verschiedener Bäume preßt er und klebt sie auf große Papierbogen.
Dann sammelt er Bilder von Menschen, schneidet sie aus der Zeitung: Weiße, Schwarze, Chinesen, Indianer.
Dann die Bilder von Landschaften, die Bilder von Sternen.
„Alles hat Gott gemacht", sagt Jonas.
Er staunt.

Gott sorgt sich um die Welt

Gott wird mit ihnen sein.
Er wird jede Träne von ihrem Auge trocknen,
und der Tod wird nicht mehr sein,
noch Leid, noch Jammer, noch Mühsal.

Offb 21,3f

Tränen

Jonas kommt mit Tränen nach Hause.
Die Stärksten der Klasse haben ihm aufgelauert und ihn verprügelt.
Er konnte sich nicht wehren.
„Das ist die Quittung", sagen sie, „Lehrerlieblinge mögen wir nicht."
Jonas weint immer noch.
„Das sind Feiglinge, alle gegen einen. Wenn ich groß bin, will ich mich an den Starken rächen. Ich werde die Kleinen in Schutz nehmen und die Großen bekämpfen." Endlich hört Jonas mit Weinen auf.
Ernst fragt er: „Warum macht das Gott nicht auch so?"
„Ja", sage ich, „Gott macht es wirklich anders. Bei ihm ist es, wie in der Geschichte von den Grasfischen."
„Erzähl!" bittet Jonas.

Die Grasfische

Vor langer Zeit schwammen im Grasmeer große und kleine Fische friedlich nebeneinander. Alle ernährten sich von dem gleichen Gras, das auf dem Grund des Meeres in großer Fülle wuchs. Es wuchs für alle genug. Die großen Fische fühlten sich nicht besser als die

kleinen. Und die kleinen spielten mit den großen, schwammen durch ihren offenen Mund und pickten das Gras zwischen ihren Zähnen.
Aber eines Tages schaute ein großer Fisch in einen Spiegel.
„Bin ich nicht groß?" dachte er.
„Bin ich nicht größer als die kleinen Fische, die überall herumschwimmen? Bin ich nicht anders, besser als sie? Ist es richtig, daß ich viel mehr arbeiten muß als die kleinen Fische? Ich muß von morgens bis abends am Meeresgrund herumschwimmen, um genügend Gras in den Magen zu bekommen."
Und er dachte: „Wenn ich einen Fisch verschlingen könnte, dann hätte ich mit einem Biß soviel Nahrung wie mit einer Stunde mühsamer Futtersuche."
Er wartete auf den nächsten kleinen Fisch, der auf ihn zuschwamm, öffnete den Mund und verschluckte ihn.
Das Beispiel machte sofort Schule.
Die großen Fische begannen die kleinen zu fressen und die kleinen die noch kleineren.
Dann aber taten sich die kleinen Fische zusammen, gründeten einen Schwarm, sie lauerten den großen Fischen auf und brachten sie gemeinsam zur Strecke.
Angst verbreitete sich im ganzen Grasmeer.
Kein Fisch war mehr sicher.
Das Wasser färbte sich blutrot.
Die Fische blieben den ganzen Tag in ihren Verstecken.
„Muß das so sein?" fragten die jungen Fische ihre Eltern.
„Das muß so sein", antworteten sie, „entweder frißt man oder man wird selber gefressen, das ist das Gesetz des Meeres."
„Nein", sagten die kleinen Fische, „das ist das Gesetz des Sterbens."
„So war es immer schon", sagten die Großen.
Da gab es plötzlich eine große Unruhe im Grasmeer.
Die Fische waren aufgeregt.

Ein riesiger Fisch kam und begann in ihrem Meer umherzuschwimmen.
Er hatte ein gewaltiges Maul. Einen Kiefer voll von Zähnen und auf dem Rücken spritzte das Wasser wie aus einer Brunnenröhre.
Auf der Stirne trug er ein Zeichen, einen Stern, der auch im Wasser golden leuchtete.
„Jetzt ist es um uns geschehen", dachten die Fische, „wir sind alle verloren."
Aber der Große Fisch begann friedlich am Meeresgrund herumzuschwimmen und Gras zu fressen.
Die Fische beobachteten ihn aufgeregt.
Die jüngsten wagten sich zuerst in seine Nähe.
„Geht weg", riefen die Eltern. Aber nichts geschah.
Der Riesenfisch ließ die Kleinen unbehelligt.
Sie schwammen neben ihm her, begannen wiederum Gras zu fressen und merkten, wie gut es schmeckte.
Auch große Fische näherten sich, fraßen das gleiche Gras wie die kleinen.
Friede breitete sich aus und die Angst war weggescheucht.
Fast alle waren zufrieden.
Nur die Leitfische, die das Meer regierten, steckten ihre Köpfe zusammen und murrten: „Er hat mehr Einfluß als wir, alle laufen ihm nach!"
Und sie sandten böse Blicke hinter den Grasfischen her, die dem großen Fisch nachschwammen.
Aber das tat niemandem mehr weh.

Jonas senkt den Kopf. „Ist es bei den Menschen auch so? Erst am Ende wird Friede sein?"
„Am Ende, ja, aber der Friede hat schon begonnen. Wir sind schon erlöst.
Wir können jetzt schon in Frieden leben."
Jonas sagt: „Dann sind wir wie die Fische, die nicht mehr dem Gesetz des Meeres folgen."
Jonas schweigt. Er ist zufrieden.

Mehr als ein „Christkind“

Ich glaube
an Jesus Christus,
seinen eingeborenen Sohn, unsern Herrn,
empfangen durch den Heiligen Geist,
geboren von der Jungfrau Maria...

Ein enttäuschter Brief

Jedes Jahr in der Adventszeit legt Jonas einen Brief vors Fenster.
„Liebes Christkind“, und dann kommt die Wunschliste.
Auch dieses Jahr schreibt Jonas einen Brief.
Er ist aber ganz anders als sonst.
Er lautet so:
„Christkind:
nochmals schreib ich Dir.
Dabei weiß ich, daß es Dich gar nicht gibt.
Ich habe so fest an Dich geglaubt. Weihnachten und die Geschenke waren so schön. Aber jetzt weiß ich: Die Großen haben das alles nur gespielt.
Schade, daß es Dich nicht gibt.
Dein trauriger Jonas.“
Am andern Morgen war der Brief von Jonas verschwunden.
Ein anderer lag dort.
Da stand geschrieben:

Jetzt ist die Liebe in der Welt

Lieber Jonas,
Du bist traurig und enttäuscht.
Du sagst: Das Christkind gibt es gar nicht.

Bist Du ganz sicher, Jonas?
Du weißt, wer die Geschenke einkauft.
Du weißt, wer den Christbaum aufstellt.
Das alles machen Menschen.
Aber weißt Du, warum wir Weihnachten feiern?
Das machen wir nicht einfach aus Spaß, so wie wir Fastnacht feiern.
Weihnachten ist anders.
Wir spüren, daß die Liebe etwas ganz Großes ist.
Darum singen wir Lieder.
Darum stecken wir Lichter an und beschenken einander:
Weil die Liebe auf die Welt gekommen ist, im kleinen Kind, im Stall von Bethlehem. Jetzt ist die Liebe in der Welt.
Das feiern wir.
Die Geschenke, der Christbaum, die Kerzen, das machen die Menschen.
Das Wichtigste können wir nicht machen: die Liebe.
Die kommt von Gott.
Die kleinen Kinder glauben, daß das Christkind die Geschenke bringt.
Sie spüren, alles was lieb ist und schön, kommt von Gott.
Haben die kleinen Kinder unrecht?
Lieber Jonas,
bald feiern wir miteinander Weihnachten.
Wenn wir uns lieb haben, spüren wir: Gott ist nahe.
Und alle Geschenke, die wir einander machen, sind ein kleines Zeichen von ihm.

Deine Mami, Dein Papi

Jonas hat den Brief für sich allein gelesen.
Er sagt lange nichts.
Am andern Tag kommt er in die Küche.

„Ob die Hungernden auch an das Christkind glauben können", fragt er ganz unvermittelt, „ob die etwas von der Liebe Gottes spüren können?"
„Denkst du, wir sollten an Weihnachten mit ihnen teilen?"
„Bestimmt", antwortet Jonas.

Helfen – Heilen – Vergeben

Gelitten unter Pontius Pilatus,
gekreuzigt, gestorben und begraben...

Tricks

Zaubern,
das ist das neueste, was Jonas lernt.
Er hat einen Zauberkasten erhalten: einen Hut und einen Zauberstab.
Jonas übt einen Trick nach dem anderen.
„Nicht wahr“, sagt er auf einmal, „Jesus war der beste Zauberer, den es gab!“

Jesus war kein Zauberer

Nein, Jesus war kein Zauberer. Er machte keine Tricks.
Zauberer, die machen eine Schau, die wollen Zuschauer haben, Geld verdienen und Macht ausüben.
Bei Jesus war das nicht so.
Er war einer, der helfen wollte, der den Menschen diente, auch den Kranken.
Er hatte sie sehr gern, und so geschah es, daß mancher Kranke gesund wurde.
Das ist auch bei uns so.
Wenn wir einander lieb haben, dann ist es uns wohl.
Wir spüren: Das Leben ist schön.
Das ist dann wie eine Medizin.
Liebe kann heilen.

Kranke Menschen brauchen darum nicht nur ein Spital, Pillen und Nahrung. Sie brauchen auch Menschen, die Zeit haben, zuhören, Liebe schenken.
Jesus liebte die Menschen.
In ihm war nicht nur menschliche Liebe, er war voll von der göttlichen Liebe. Das haben die Menschen gespürt.
Darum wurden sie gesund.
Jesus wollte aber nicht, daß sie das an die große Glocke hängen.
Nur etwas ist wichtig, sagte er, daß wir Gott loben und ihm danken. Denn die Liebe kommt von ihm.
Jesus ist zu den Menschen gegangen.
Zu allen Menschen, zu den Kranken, den Leidenden, den Hungernden, den Sterbenden.
Ihnen brachte er die Liebe.
Einige spotteten über Jesus:
„Anderen hat er geholfen, sich selber kann er nicht helfen. Er soll doch das Kreuz wegzaubern, wenn er der Sohn Gottes ist."
Jesus ist der Sohn Gottes, aber er ist kein Zauberer.
Er ging mit den Menschen. Den ganzen schweren Weg eines Menschen. Er liebte bis zuletzt, auch am Kreuz.
Er vergab denen, die ihn schlugen und quälten.
Vergeben, das ist auch ein Wunder.
Am Kreuz, im Sterben fluchte er nicht, haßte er nicht.
Er sprach mit seinem Vater.
Das allein ist wichtig, sagte er: Aufschauen zu Gott.
Darum betete er am Kreuz.
Aus Liebe.

Jonas bringt ein Bild.
Ein Kreuz ist darauf. Man sieht, wie Jesus leidet.
„Das Kreuz ist schrecklich", sagt Jonas, „daß Menschen so etwas tun können!"
Jonas hat recht.

Das Kreuz ist schrecklich, Krieg und Haß sind schrecklich.
Der Sohn Gottes hat es durchlitten.
Er ist bei uns auch in ganz dunklen Stunden.
Er betet mit mir.
Das ist stärker als der Haß.

Jesus lebt

Am dritten Tage auferstanden
von den Toten,
aufgefahren in den Himmel;
er sitzet zur Rechten Gottes,
des allmächtigen Vaters...

Keine traurigen Geschichten

Jonas will jeden Abend eine Geschichte hören: Märchen, Abenteuer und vieles andere.
„Willst Du heute eine Geschichte aus der Bibel hören?"
Die hat Jonas nämlich besonders gern.
„Nein", sagt Jonas dieses Mal, „das sind traurige Geschichten, ich will sie nicht mehr hören".
„Traurig?" frage ich.
„Ja, die Guten sterben. Jesus stirbt; das Kreuz ist schrecklich."
Jonas ist selber traurig, als er das sagt.
„Gut, ich erzähle dir eine andere Geschichte: Vronis Raupe".

Vronis Raupe

Vroni spielt am liebsten im Garten. Er ist groß. Niemand kennt ihn so gut wie Vroni.
„Schön, die alten Bäume", sagen die Großen. Oder: „Die geben sicher viel Schatten, da müßte man mal mit der Axt drangehen."
Vroni wird wütend, wenn sie das hört. Denn sie weiß viel mehr vom Garten.
Die Bäume sind nicht einfach Bäume. Es sind Häuser

mit vielen Wohnungen. Da gibt es Platz für die Vogelnester.
In den Höhlen bauen die Wespen, zwischen den Wurzeln haben die Ameisen einen großen Hügel zusammengetragen.
Dann und wann kriechen Raupen über die Blätter.
Vroni schaut sie genau an. Es sind ihre Lieblingstiere.
Sie findet es lustig, wie die Raupen sich krümmen, strecken und vorwärts kommen.
Vroni sieht, welche Blätter den Raupen schmecken.
Sie legt sie manchmal direkt vor die Raupen hin.
Sie möchte, daß sie im Garten bleiben.
Was ist los? denkt sie an einem Morgen.
Wie tot hängt eine Raupe an einem kleinen Ast. Der Leib ist zur Hälfte mit einer Art Haut bedeckt. Wie ein Totentuch, denkt Vroni.
Am andern Tag sieht sie von ihrer Raupe gar nichts mehr.
Dort, wo sie war, hängt eine dürre Haut, wie ein verwelktes Blatt. Und ganz in der Nähe entdeckt Vroni noch etwas: zwei andere Hautblätter.
Ein Raupenfriedhof.
Vroni sieht jetzt nach den anderen Tieren, die im Garten wohnen.
Sie schaut den Vögeln zu, die mit dem Bau der Nester beginnen; sie folgt der Ameisenstraße und staunt, wo die Ameisen überall Tannennadeln suchen.
Nach einiger Zeit ist Vroni wieder beim Raupenbaum.
Noch immer hängen die dürren Hautstücke da.
Sind es Tage, oder Wochen? Vroni weiß es nicht mehr.
Da, da bewegt sich doch etwas, denkt Vroni.
Tatsächlich, im welken Blatt ist eine Bewegung zu sehen.
Vroni ist gespannt.
Was geschieht jetzt?
Langsam zeigt sich eine Öffnung in der Hülle.
Ein feines Tierchen kriecht heraus.

Was ist das?
Vroni sieht, wie es große Flügel ausbreitet, große, farbige Flügel.
Zwei, drei Versuche, und schon fliegt ein richtiger Schmetterling vom Blatt auf, flattert über die Wiese und setzt sich auf die Blumen, die Vroni gepflanzt hat.

„Ist das ein Märchen?“ fragt Jonas.
„Nein, das hat Vroni wirklich erlebt. So entstehen die Schmetterlinge.
Und, weißt du, Jonas, das war jetzt fast eine Geschichte aus der Bibel.
Denn so etwas Ähnliches ist auch mit Jesus geschehen.
Er war tot.
Er lag im Grab.
Aber der Vater hat seinen Tod verwandelt.
Er hat ihm ein neues Leben gegeben.
Gerade so, wie die Raupe zu einem schönen Schmetterling verwandelt wurde.“
„Das ist wie beim Apfelkern, den ich gepflanzt habe“, sagt Jonas, „ich habe auch gemeint, er sei tot, aber jetzt wächst er und ist schon ein kleines Bäumchen.“
Viele Vergleiche sind den Leuten in den Sinn gekommen, wenn sie an Ostern dachten.
Jesus lebt: das ist wie der Frühling, der auf den Winter kommt;
das ist wie der dürre Ast, der plötzlich Blüten trägt;
das ist wie die Sonne, die am Himmel aufgeht, die Nacht verscheucht und den Morgen bringt.

Heiligér Geist

Wir glauben an den Heiligen Geist,
der Herr ist
und lebendig macht...

Das Geisterschloß am Eulensee

Jonas hat ein Buch bekommen: „Das Geisterschloß am Eulensee“.
Er liest es mit Spannung.
Aber nur am Tag.
Am Abend, im Bett, liest er ein anderes Buch. Dann ist ihm das Geisterschloß zu unheimlich.
„Warum ist Gott ein Geist?“ fragt er plötzlich.
Ich versuche, es ihm zu erklären.

Eine unsichtbare Kraft

Geist, das ist ein wichtiges Wort.
Es meint etwas, das man nicht sieht. Es erzählt von einer Kraft, die in uns ist.
Wenn du denkst, brauchst du den Geist.
Wenn du rasch die Zahlen zusammenrechnest, brauchst du den Geist.
Niemand kann den Geist sehen.
Er ist im Menschen drin.
Es ist eine unsichtbare Kraft.
Einer ist mutig,
einer ist tapfer,
einer ist klug,
einer ist gerecht.
Das alles gehört zum Geist, der in uns ist.

Und auch das: daß wir einander lieben, auch das gehört zum Geist.
Wenn Menschen miteinander gut sind, dann sagen wir: Sie haben einen guten Geist.
Es gibt auch Menschen, die Böses tun, die einander wehtun.
Dann sagen wir: In ihnen ist kein guter Geist.
Darum gibt es auch die Erzählung von Geisterschlössern.
Sie erinnern an Menschen, die einen bösen Geist haben.
‚Heiliger Geist', das ist ein Name für Gott.
Das bedeutet: Gott ist eine gute Kraft, eine helfende Kraft. Er ist voll Liebe und voll guter Gedanken.
Und dies möchte er auch den Menschen schenken.
Das hat Gott am Pfingsttag gezeigt.
An diesem Tag ist der Heilige Geist richtig spürbar geworden: Ängstliche Menschen bekamen Mut, traurige Menschen wurden froh.
Und jetzt wissen die Menschen: Gott schenkt uns seinen guten Geist, daß unsre Gedanken gut werden, daß unsre Liebe stark wird.

„Dann muß ich im Bett keine Angst haben?" fragt Jonas.
„Nein, du brauchst keine Angst zu haben."
„Der Heilige Geist hilft allen, die Angst haben?"
„Sicher, das glaube ich bestimmt."
„Aber im ‚Geisterschloß' lese ich doch morgen erst weiter", sagt Jonas, und sogleich fallen ihm die Augen zu.

Vater, Sohn und Heiliger Geist

Mein Herr und mein Gott,
nimm mich mir
und gib mich ganz zu eigen dir.

Ein schwieriges Wort

„Warum ist Gott ein Dreieck?" fragt Jonas, als er von der Schule heimkommt.
„Wie kommst du denn da drauf?"
„Gott ist ein Dreieck, hat die Lehrerin gesagt", wiederholt Jonas.
„Das hat sie sicher nicht so gemeint. Wahrscheinlich hat sie gesagt: Man kann Gott mit einem Dreieck vergleichen. Und dann hat sie euch wohl das Wort ‚Dreifaltigkeit' erklärt."
„Ach so", sagt Jonas, „ich habe ‚drei Falter' verstanden."
„Du willst sagen, du hast geträumt.
Weißt du, das Wort erklärt, warum es den Vater, den Sohn und den Heiligen Geist gibt."
„Warum es drei Götter gibt?" fragt Jonas.
„Nein, warum es eben nicht drei Götter gibt, sondern warum ein Gott ist."
„Da komm' ich nicht mit", seufzt Jonas.
„Niemand kommt da mit, Gott ist ein Geheimnis. Wir können uns nur ein Bild davon machen."
„Ein Dreieck?" fragt Jonas.
„Es gibt auch andere Bilder, Johannes von Ruysbroek hat beim Meer an Gott gedacht."
„Erzählst du?" fragt Jonas.

Was das Meer von Gott erzählt

Johannes lebt in Holland. Das Land ist ganz flach. Friedliche Menschen leben als Bauern auf den ebenen Feldern. Aber Johannes zieht es von den Menschen weg. Er möchte für Gott leben. Darum sucht er die Einsamkeit. Einsam ist es am Meer. In der Nähe der Deiche mag niemand wohnen. Dort bläst ständig ein steifer Wind und manchmal brechen hohe Wellen über den Damm. Hier wohnt nun Johannes in einer einfachen Hütte.

Die Leute wundern sich. Manchmal besuchen sie ihn.

„Johannes, was machst du da draußen?"

„Ich suche Gott, hier bin ich ihm nahe, hier kann ich gut an ihn denken", antwortet er.

„Wir denken an Gott in der Kirche, dort haben wir Bilder von ihm."

„Auch ich habe ein Bild von ihm", sagt Johannes.

„Wo? Zeig es uns."

Da nimmt sie Johannes mit auf den Deich. Ruhig und unendlich weit liegt das Meer ausgebreitet. „Schaut, das ist mein Bild von Gott, so ist der Vater, unendlich groß wie dieses Meer!"

Lange Zeit stehen die Leute still. „Gewiß, das sehen wir", sagt einer, „aber wir haben auch Bilder von Jesus; ganz neu hat sie ein Künstler an die Wand unserer Kirche gemalt."

„Wenn ihr bis zum Abend bleibt, dann werde ich euch mein Bild von Jesus zeigen."

Nach diesem Wort zieht sich Johannes in seine Hütte zurück.

Die Kinder spielen am Meer. Die Großen schwatzen miteinander. Aber immer wieder wandert ihr Blick hinaus, über den weiten Ozean.

Am Abend drängen alle zur Hütte des Johannes. „Wo ist das Bild von Jesus?"

Er nimmt sie wieder mit an den gleichen Ort. Das Meer

hat sich verändert. Es ist ganz unruhig geworden. Es ist Zeit der Flut. Immer höher wird die Brandung. Eine Welle nach der andern steigt am Damm empor, überschlägt sich und wirft schäumende Gischt. Die Dämme sind nicht fest geschlossen. Überall kann Wasser eindringen und das Land überfluten. Bald ist ringsum alles mit Wasser bedeckt.
Johannes sagt: „Jetzt ist das Meer nicht mehr weit weg. Der unendliche Ozean hat seine Wogen geschickt. Überallhin ist das Wasser gekommen. So ist es auch bei Gott. Der Vater schickt den Sohn. Überall klopft er an. Zu jedem sucht er einen Weg."
Wirklich, dieses Bild begreifen die Leute. Ja, so ist es, zu jedem von ihnen hat Jesus einen Zugang gefunden. Sie sind ganz still geworden.
Nur einer will jetzt noch eine Frage stellen: „Johannes, hast du auch ein Bild vom Heiligen Geist?"
Johannes lächelt, denn gerade ist wieder Bewegung ins Wasser gekommen. Die Flut, die das Land bedeckt, hat den Höhepunkt erreicht, zieht sich langsam wieder zurück. „Schaut, was jetzt geschieht! Das Wasser geht zurück. Und schaut, wie es Blätter, Hölzer und Halme mit sich trägt! Alles, was da liegt, wird vom Wasser ergriffen und mitgenommen, zurückgeführt ins unendliche Meer.
Das macht der Heilige Geist: Er greift uns auf, er nimmt uns mit und führt uns zurück zum Vater."

„Alles geht zurück zu Gott", sagt Jonas. „Sicher ist die tote Oma jetzt auch bei ihm."
„Ganz bestimmt, Jonas."

Auf dem Weg zu Gott

Herr, bleibe bei uns,
denn es will Abend werden,
und der Tag hat sich geneiget.

Wo ist der Himmel?

„Wo ist der Himmel?" fragt Jonas.
„Der Himmel ist dort, wo Gott ist", antworte ich.
Jonas fragt natürlich weiter: „Und wo ist Gott?"
„Das fragte der Knabe die Schwalbe auch!"
„Welcher Knabe, welche Schwalbe?" will Jonas wissen.

Der Knabe und die Schwalbe

Als der Knabe klein war, da erschien ihm alles, was er sah, wunderschön.
Er schaute bewundernd auf die Blumen.
Er stand mit weit aufgerissenen Augen am Fenster, wenn der Mond aufging; am Morgen aber eilte er früh ins Freie, um zu spüren, wie die Sonne mit ihren Strahlen die Wiese zu wärmen begann.
Dem Knaben war es nicht langweilig in seinem Garten.
Er sprach die Tiere an, und es war ihm, wie wenn er Antwort bekäme.
Abends, wenn die Sonne unterging, sah er, wie die Schwalben große Kreise am Himmel zogen, als ob sie von den Strahlen Abschied nehmen wollten.
Nachts, im Traum, sah der Knabe, wie sich eine Schwalbe auf einen Zweig setzte, ganz nahe bei seinem Kopf. „Ich möchte auch so für die Sonne tanzen

können wie du!“ sagte er, „sie ist das Größte, Wärmste, das es gibt.“

„Ja“, sagte die Schwalbe, „ich habe auf meinen Flügen nichts gesehen, das glutvoller, feuriger wäre als sie. Und doch sagen unsere alten Schwalben: Gottes Licht ist strahlender als tausend Sonnen.“

„Hast du ihn gesehen?“ fragte der Knabe.

„Nein“, sagte die Schwalbe, „man kann ihn nicht sehen, man kann nur auf ihn warten.“

Und der Knabe setzte sich hin und wartete und wartete. Natürlich tat er auch manches andere, ging in die Schule, spielte mit anderen und half der Mutter.

Aber das Wichtigste war für ihn doch: zu warten auf einen neuen Traum von der Schwalbe, auf das, was sie ihm von Gott erzählen konnte.

Mit zwanzig wartete er noch immer.

„Ich hab lange gewartet“, sagte er zur Schwalbe, „sag mir, wo finde ich Gott?“

„Du mußt etwas tun für andere Menschen“, antwortete die Schwalbe.

Und der junge Mann begann zu arbeiten und anderen zu helfen.

Mit dreißig Jahren pflegte er kranke und alte Menschen in einem Heim, das er selbst gebaut hatte.

„Ich habe vielen Menschen geholfen“, sagte er zur Schwalbe, „sag mir, wo finde ich Gott?“

„Du mußt lieben“, antwortete sie.

Und der junge Mann heiratete, liebte seine Frau, liebte seine Kinder und lebte glücklich mit seiner Familie.

„Ich habe fest geliebt“, sagte er zur Schwalbe, als seine Kinder groß, sein Atem schwer und der Schritt langsam geworden sind.

„Du mußt wandern“, antwortete die Schwalbe.

Und der alte Mann machte sich auf den Weg, über Berge und Täler, durch Wälder und Steppen, bis er bei der großen Eiche das Meer erreichte, das seine Wanderung beendete.

Die Schwalbe wartete auf ihn.
Alt und sterbensmüde fragte er sie: „Wo finde ich Gott?"
Und die Schwalbe antwortete:
„Gott war immer mit dir: in deinem Warten, Arbeiten, Lieben und Wandern, und er wird immer vor dir sein."
Der Mann wußte, daß dies die Antwort war, die er gesucht hatte.
Da ging die Sonne im Meer unter wie eine feurige Scheibe, das Lied der Schwalbe jubelte, der alte Mann aber legte das Haupt auf die Wurzeln der Eiche und starb.

„Kam der Mann nun in den Himmel?" fragt Jonas. „Vielleicht ist es auch so: Jetzt sieht der Mann, daß er schon immer ein bißchen im Himmel war."

Warum die Menschen sterben

Wir erwarten die Auferstehung der Toten
und das Leben der kommenden Welt...

Die Tante wird nie mehr schreiben

„Was ist das für ein Briefumschlag?“ fragt Jonas.
Er sieht, wie die Mutter den schwarz umrandeten Brief aufreißt und hastig durchliest. Plötzlich stehen ihr Tränen in den Augen.
„Die Tante ist gestorben“, sagt sie leise.
„Dann wird sie dieses Jahr nichts zu Weihnachten schicken und keine lustigen Briefe mehr schreiben?“
„Nein“, sagt die Mutter und schweigt.
Auch Jonas schweigt. Am Abend erzählt ihm die Mutter von Sibylle.

Sibylle

Sibylle hat ihre Großmutter sehr gern. Das hat einen besonderen Grund. Die Großmutter ist ihr Märchenbuch. Wenn sie bei ihr in den Ferien ist, muß die Großmutter immer erzählen: Es gibt ein Märchen zum Aufstehen, eines nach dem Mittagessen, eins zum Vesperbrot, eins zum Einschlafen.
Als die Nachricht kommt, daß die Großmutter krank ist, wird Sibylle sehr traurig. Und als der schwarz umrandete Brief eintrifft, kommen Sibylle die Tränen. Sie hat jetzt unruhige Nächte, wälzt sich im Bett hin und her und spricht im Schlaf.
Die Eltern machen sich Sorgen. Wirklich: Sibylle hat aufregende Träume.

In der ersten Nacht nach dem Tod der Großmutter hat sie das Gefühl, sie sei plötzlich in der Märchenwelt. Sie sieht alle Märchengestalten vor sich, gerade so, wie sie die Großmutter geschildert hat. Eine Frau in langem dunklen Mantel kommt auf Sibylle zu. Es ist eine der Parzen, die im Märchen am Bett der kleinen Kinder stehen und dort ihre Wünsche sagen.
„Du", sagt Sibylle im Traum, „sag mir, warum müssen die Menschen sterben?"
Die Parze schweigt eine Weile. Dann schlägt sie ihren Mantel zurück und zeigt Sibylle die brennende Kerze, die sie dort verborgen gehalten hat.
„Schau, ich bringe den Menschen eine solche Kerze, das Licht ihres Lebens. Sie leben solange, wie meine Kerze brennt. Wenn sie abgebrannt ist, dann ist die Lebenszeit vorbei. Dann müssen die Menschen sterben."
In der zweiten Nacht hat Sibylle fast den gleichen Traum. Wieder sieht sie eine Parze in einem dunklen Mantel.
„Du", fragt Sibylle, „gehst du auch zu einem neugeborenen Kind?"
„Ja", antwortet die Parze, „immer gehen wir zu den kleinen Kindern; ihnen bringen wir unsere Geschenke."
„Eine Kerze? Bitte bring dem Kind eine ganz lange", bittet Sibylle.
„Ich bin nicht die Parze der Kerzen", antwortet die dunkle Frau, „ich bringe eine Spule mit einem langen Faden. Jeden Tag wickle ich ein wenig davon ab. Es ist der Lebensfaden. Und wenn er ganz von der Spule abgerollt ist, dann müssen die Menschen sterben."
Und nochmals kommt eine solche Nacht, in der Sibylle träumt. Wieder ist sie im Märchenland. Sie schaut, ob sie eine der schwarzen Frauen sieht. Merkwürdig, sie sieht sie nirgends.
Aber was ihr auffällt: Eine junge Frau in weißem

Gewand steht neben ihr. Sibylle hat sie nie gesehen, hat nie in einem Märchen von ihr gehört. Darum geht sie zu ihr und sagt: „Gute Frau, kannst du mir sagen, warum die Menschen sterben?“
Die Frau lächelt fein und nimmt Sibylle bei der Hand. In der Nähe ist ein Acker, und auf dem Acker liegen ein paar Ähren. Die Frau nimmt eine auf und sagt: „Schau, diese Ähren liegen hier wie tot, und doch sind Körner drin.“
Dann nimmt sie ein paar Körner, steckt sie in die Erde und sagt: „Schau, hier, in der Erde bricht das Korn jetzt auf und beginnt zu wachsen, dann gibt es eine neue Ähre. Mit den Menschen ist es ebenso. Sie sterben wie das Samenkorn im Acker. Aber aus dem Tod wird ein neues Leben.“
Sibylle sieht im Traum, wie auf dem Acker die Pflänzchen wachsen. Zuerst sind sie klein; dann werden sie immer größer und größer. Sibylle aber wird immer ruhiger in ihrem Schlaf.

Jonas hat der Mutter still zugehört.
Ohne ein Wort geht er zu seiner Schublade, dort, wo er Papiere aufbewahrt. Er zieht einen Brief heraus, den ihm die Tante geschrieben hat. Es sind lustige Zeichnungen darauf.
„Ich möchte fest an die Tante denken“, sagt Jonas.
„Wir können auch beim Beten an sie denken“, sagt die Mutter.

Schutzengel

Von guten Mächten wunderbar geborgen,
erwarten wir getrost, was kommen mag.
Gott ist mit uns am Abend und am Morgen
und ganz gewiß an jedem neuen Tag.

Dietrich Bonhoeffer

Im alten Familienbuch

Im alten Familienbuch findet Jonas seltsame Bilder: junge Männer mit Flügeln.
Sie sind bei Kindern, die an einem Abgrund stehen, oder sonst in Gefahr sind.
„Wer sind sie?" fragt Jonas.
„Engel, Schutzengel", antwortet die Mutter, „sie helfen den Menschen".
„Wirklich?"
Und schon beginnt die Mutter zu erzählen: Wie Thomas die Engel suchte.

Wie Thomas die Engel suchte

Thomas wollte die Engel suchen.
„Wo werde ich sie finden?" fragt er sich.
Zuerst geht er zu dem alten Mann, der im gleichen Block wohnt. Es ist ein alter, freundlicher Opa. Thomas läutet. Der Mann öffnet und begrüßt den Jungen freundlich.
„Du", fragt Thomas, „gibt es Engel? Wo kann ich sie sehen?"
„Hm", brummt der alte Mann in den Bart, „das ist eine schwere Frage. Also ich, ich würde einmal im Krankenhaus schauen, dort arbeitet doch deine Tante."

Thomas geht ins Krankenhaus. Es ist kalt draußen. Ein frostiger Novemberwind bläst. Die Leute tragen schon ihre dicken Wintermäntel und hüllen sich in wollige Halstücher. Vor dem Spital steht eine Gruppe junger Leute. Sie haben einen Stand aufgebaut und singen Lieder. „Kampf dem Hunger", steht auf einem großen Plakat. Die jungen Leute sammeln Geld, das sie in arme Länder schicken möchten. Thomas klaubt ein Fünfzigpfennigstück aus der Hosentasche.
Thomas hat die Tante im Krankenhaus rasch gefunden. Bevor er seine Frage stellen kann, hat sie schon zu sprechen begonnen: „Gut, daß du da bist, Thomas. Wir haben eine alte Frau, die sehr einsam ist in ihrem Privatzimmer. Geh ein bißchen zu ihr, und erzähle ihr etwas; du kannst ihr auch ein Lied singen." Thomas freut sich, daß er helfen kann. Er sieht, wie sich die Schwestern um die Kranken mühen. Aber einen Engel kann er nirgends erblicken.
Verträumt geht er nach Hause. Immer noch denkt er an die jungen Männer, wie er sie von vielen Bildern her kennt. So sehr denkt er an sie, daß er eine Verkehrsampel übersieht. Gerade will er bei Rotlicht über die Straße, als ihn eine feste Hand an der Schulter packt. „Paß auf!" sagt eine Frau.
Thomas schaut die Frau genau an. Nein, so wie die Engel auf den Bildern sieht sie nicht aus. Und doch hat sie ihn eben beschützt. Plötzlich denkt er: Vielleicht sind auch Menschen manchmal wie Engel.

Jonas überlegt eine Weile:
„Aber dann war ja der Thomas selbst auch wie ein Engel, als er die alte Frau im Spital unterhalten hat", meint er.

Kirche und Sakramente

Kirche, eine Gemeinschaft

Sonne der Gerechtigkeit,
gehe auf zu unsrer Zeit;
brich in deiner Kirche an,
daß die Welt es sehen kann.
Erbarm dich, Herr.

Die Kathedrale

Jonas wohnt in einem Dorf.
Heute ist er auf Besuch in der Kreisstadt. In der Mitte steht eine riesige Kirche, die Kathedrale.
Jonas staunt.
Die Kirche in seinem Dorf ist klein, fast wie eine große Stube.
„Hier hat Gott eine große Kirche", sagt Jonas, „diese Leute hat er sicher lieber."
„Meinst du? In meiner Geschichte ist es anders."
„In welcher?"
„In der Geschichte vom ‚Dorf ohne Kirche'."
Natürlich will Jonas diese Geschichte sofort hören.

Das Dorf ohne Kirche

Das Dorf in den Bergen war sehr arm.
Die Bauern hatten nur kleine Felder. Und die lagen alle an steilen Hängen.
Alles mußte von Hand gemacht werden. Das gab viel Arbeit und wenig Geld.
Einmal stand im Dorf eine kleine Kirche aus Holz.
Eine Kerze, die nicht gelöscht wurde, steckte sie in Brand. Seither ist dort, wo die Kirche stand, ein leerer

Platz, und die Leute halten im kleinen Schulzimmer Gottesdienst. Das Dorf ist so klein, daß alle darin Platz haben.
Natürlich hätten die Leute gern wieder eine Kirche, aber zuerst müssen sie sparen.
Eine Kirche kostet Geld.
Eine alte Frau stirbt. Alles ersparte Geld schenkt sie dem Dorf für eine neue Kirche.
Da hören die Leute gerade vom großen Erdbeben in Italien. Sie sehen schreckliche Bilder, lauter eingefallene Häuser. Sie sehen, es sind armselige Dörfer, wie ihr eigenes. „Wir wollen eine Kirche bauen, und dort ist solche Not?“ sagen sie.
Und rasch entschlossen, schicken sie das ganze Geld ins Erdbebengebiet.
Die eigene Kirche haben die Leute im Dorf aber nicht vergessen. Sie sparen weiter, und langsam ist genug Geld beisammen gekommen, um mit dem Bau beginnen zu können.
„Große Not der Flüchtlinge“, steht in der Zeitung. „Niemand will die Boot-Flüchtlinge aus Asien aufnehmen.“
„Können wir eine Kirche bauen, wenn Flüchtlinge keine Heimat haben?“
Und ohne Zögern nehmen sie das ganze Geld, setzen drei alte Häuser instand, um in ihnen Flüchtlinge aufzunehmen.
Und wieder beginnen sie mit dem Sparen.
Aber jedesmal, wenn sie Geld haben, hören sie bestimmt wieder von einer Not, und die Bauern im Dorf helfen jedesmal mit ihrem ganzen Geld.
„Wir haben keine Kirche“, sagen sie, „aber es gefällt uns doch in unserm Dorf. Wir sind wie eine große Familie.“
Auf dem Platz, wo einmal die Kirche stehen soll, spielen die kleinen Kinder.

„Aber man braucht doch eine Kirche", sagt Jonas.
„Weißt du, Kirche ist ein Wort für zwei Dinge: Einmal bedeutet es das Gebäude, in dem der Gottesdienst stattfindet, und einmal meint es die Gemeinschaft der Menschen, die an Gott und Jesus Christus glauben."
„Was ist wichtiger?" fragt Jonas.
„Das weißt du", sage ich.
„Natürlich ist die Gemeinschaft wichtiger", das sieht Jonas ein.
„Weißt du, Jonas, die Leute im Dorf haben auch eine Kirche gebaut."
„Aber keine aus Stein."
„Nein, die eigentliche Kirche ist nicht aus Steinen gebaut, sondern aus Menschen."
„Ein Gebäude aus Menschen?" fragt Jonas.
„Ja, so erklärt es uns auch die Bibel."

Viele Kirchen, viele Religionen

Jeder Mensch hat seinen Weg,
seinen eigenen Weg.
Am Ziel kommen sie zusammen:
bei Gott.

Warum gehen wir nicht in die gleiche Kirche?

Immer sind sie zusammen, in der Schulklasse, beim Spielen, bei Streichen: Jonas und seine Freunde.
Aber am Sonntag sind sie nie zusammen. Jeder geht in eine andere Kirche, manche fahren sogar in ein anderes Dorf oder in eine andere Stadt zum Gottesdienst.
„Warum gehen wir nicht alle in dieselbe Kirche?" fragt Jonas.
„Weil es verschiedene Kirchen gibt und weil die Kirchen nicht geeint sind. Sie unterscheiden sich in dem, was sie lehren und wie sie Gottesdienst feiern."
„Wieso?" fragt Jonas weiter.
„Es ist wie in der Geschichte vom ‚heiligen Berg'."
„Erzähl bitte!" sagt Jonas.

Der Weg zum heiligen Berg

In einem fernen Land gibt es einen seltsamen Brauch. Wenn die Menschen alt geworden sind, wenn sie spüren, daß sie bald sterben werden, machen sie sich auf den Weg. Ihr Ziel ist der hohe Berg, der sich in der Mitte ihres Landes erhebt. Dort, auf der Spitze des Berges, wollen sie auf den Tod warten. Nur alte Frauen und Männer dürfen ganz auf den Berg hinaufsteigen, und noch nie ist jemand von ihnen zurückgekommen. Auch der König ist alt geworden. „Es ist Zeit zu

gehen", sagt er zu seinen drei Söhnen. Sie schauen ihn traurig an, denn sie haben den Vater und einander sehr lieb. „Weißt du den Weg?" fragen sie.
Der Vater lächelt und heißt die Söhne sich zu ihm setzen: „Wißt ihr mir einen Rat?"
Der Älteste spricht zuerst: „Ich bin oft auf der Jagd ganz nahe am Berg vorbeigeritten. Ich habe beobachtet, daß im Osten ein kleiner Bach vom Berg herunterfließt. Ich würde dieses Wasser suchen und dem Lauf des Baches folgen."
Der Vater nickt zum Rat seines Sohnes. Dann ist es am zweiten zu sprechen: „Ich habe gesehen, daß am heiligen Berg viele Tiere wohnen, Rehe, Hirsche, Antilopen. Manchmal weiden sie weit oben, manchmal am Fuße des Berges. Wo Tiere aber hinauf- und heruntersteigen, da gibt es auch kleine Wege, auf denen man gut gehen kann."
Auch dieser Rat scheint dem Vater zu gefallen. Dann ist der Jüngste an der Reihe: „Im Süden des Berges gibt es ein kleines Dorf. Dort leben Menschen, die vom Wald am Fuß des Berges ihr Holz holen. Diese Menschen wissen sicher am besten Bescheid, wie man zum Berg hinaufsteigen kann. Ich würde mich auf den Weg zu ihnen machen."
„Auch dieser Rat ist gut", sagt der Vater.
„Und welchen Rat wirst du befolgen?" will der älteste Sohn nun wissen.
„Als ich jung war", antwortet der Vater, „habe ich wie ihr meinen Weg gesucht. Jetzt folge ich dem, was ich in meinem Herzen erkannt habe."
„Und welchen Weg sollen wir einmal gehen?" fragt der jüngste der Brüder.
„Jeder muß seinen Weg gehen", wiederholte der Vater. Dann wendet er sich zum ältesten Sohn: „Lerne das Wasser genau beobachten, daß Du seinen Lauf gut kennst. Wer dem Wasser folgt, muß achten, daß es ihn nicht zu unwegsamen Klippen führt."

Zum zweiten Sohn sagt er: „Achte auf die Wechsel der Tiere, dann weißt Du, welche Wege aufwärts führen und welche Spuren sich verlieren."
Und zum jüngsten Sohn spricht der Vater: „Dein Weg führt zu den Menschen. Lerne sie gut kennen, dann weißt du, wem du dich anvertrauen kannst."
„Und", fragt der mittlere der Brüder, „warum können wir nicht den gleichen Weg gehen?"
„Jeder muß dann gehen, wenn es für ihn Zeit ist", sagt der Vater, umarmt seine Söhne und bricht auf, dem heiligen Berg entgegen.

Jonas ist eine Weile still.
Dann sagt er: „Aber warum gibt es denn überhaupt Kirchen und Religionen, wenn ich doch den eigenen Weg suchen muß?"
„Weil die Kirchen den Menschen helfen, den Weg zu finden. Sie können auch vor Gefahren warnen. Genau so, wie der Vater jedem Sohn erklärt hat, auf was er besonders achten muß."

Taufe

Wir bekennen die eine Taufe
zur Vergebung der Sünden...

Braucht es „nur" den Glauben?

Wenn es am Sonntag regnet, nimmt Jonas die Photo-Alben zur Hand und blättert sie durch: Bilder von seiner Taufe, von der Taufe seiner Schwester, von der Taufe seiner Cousine.
„Sind alle Menschen getauft?"
„In unserem Land die meisten!"
„Kann man mit dem kleinen Kind einfach in die Kirche gehen?" fragt Jonas weiter.
„Man muß natürlich vorher den Pfarrer anrufen."
„Und sonst braucht es nichts?"
„Doch, die Eltern müssen an Gott glauben."
„So wenig braucht es?" staunt Jonas.
„Manchmal ist das viel", antworte ich, „wenigstens war es so in der Geschichte von der kranken Prinzessin."
„Erzähl!" bittet Jonas.

Die Geschichte von der kranken Prinzessin

Es war in der Zeit, als es in unserm Land noch nicht viele Christen gab.
Überall standen die Eichenwälder, die den Göttern geweiht waren. In den kleinen Städten gab es Tempel, in denen wiederum andere Götter verehrt wurden.
Der König selbst ging nacheinander in alle Tempel. Er dachte, wenn ich mit allen Göttern freundlich bin,

dann haben mich auch alle gern und ich kann lange regieren.
Der König hatte eine kleine Tochter, die er sehr liebte. Darum traf es ihn bitter, als sie, einjährig geworden, schwer krank wurde.
Gleich ließ der König den Medizinmann aus dem Eichenwald kommen.
„Mach meine Tochter gesund", befahl er mit donnernder Stimme.
Der Medizinmann ging rasch in den Wald zurück, sammelte Kräuter, Wurzeln, Insekten, kochte einen Brei, murmelte und rührte und gab schließlich davon der kleinen Tochter zu trinken.
Aber diese spuckte alles sofort wieder aus.
Der König jagte den Medizinmann aus dem Palast und ließ den Priester aus dem Jupitertempel holen.
„Heile meine Tochter", sagte er mit drohendem Ton, „dann wird sie zu deiner Religion gehören."
Der Jupiterpriester ließ die festlichen Gewänder holen, Kerzen, Weihrauch und den ganzen Tempelchor.
Er schritt feierlich im Krankenzimmer auf und ab, rief die Sonne an und den Mond und alle Sterne, die er kannte.
Aber der Weihrauch stieg der Tochter so arg in die Nase und in die Augen, daß sie niesen, husten und weinen mußte.
Und der König jagte den Priester mit seinem ganzen Chor davon.
Nun hatte er gehört, daß es in der Stadt auch eine Gruppe von Leuten gebe mit einer ganz neuen Religion. Christen heißen sie, und sie verehren einen Gott, der Kranke gesund machen kann.
Zu diesem Gott soll meine Tochter gehören, denkt der König und läßt rasch den Priester ausfindig machen.
„Befehl vom König!" sagen die Wachen, „du sollst in den Palast kommen."
Der Priester fürchtet sich.

„Wird wieder eine Verfolgung ausbrechen?" denkt er. „Priester!" sagt der König, „hier sind 1000 Taler, ich will, daß meine Tochter eine Christin wird."
„Aber, dann muß sie ja getauft werden", stottert der Priester.
„Ja, dafür sind die 1000 Taler da."
„Das geht nicht", stammelt der Priester weiter.
„Gut, dann zahle ich 2000."
„Nein..."
„3000!" knurrt der König.
Endlich faßt der Priester Mut: „Es liegt gar nicht am Geld", sagt er, „eine Taufe kostet sowieso nichts."
„Was braucht man denn sonst?" fragt der König laut.
„Notwendig ist", sagt der Priester, „daß du an Gott glaubst, daß du glaubst: Deine Tochter ist in Gottes Hand."
Plötzlich wird der König still.
Er denkt lange nach.
Langsam und sehr leise fragt er: „Du, Priester, ist meine Tochter wirklich in Gottes Hand?"
„Das glaube ich", antwortet der Priester.
„Das möchte ich auch glauben", sagt der König, „bitte, taufe jetzt meine Tochter."

„Und, ist sie gesund geworden?" fragt Jonas.
„Das war für den König nun nicht mehr das Wichtigste. Er glaubt jetzt, daß Gott seine Tochter liebt, was immer geschieht."
„Ihr habt mich auch taufen lassen?" fragt Jonas weiter, „glaubt ihr auch, daß ich in Gottes Hand bin?"
„Ja, das glauben wir fest."
„Danke", sagt Jonas.

Ein Wort von Gott

„Herr, ich bin es nicht wert,
daß du mein Haus betrittst;
aber sprich nur ein Wort,
dann wird mein Diener gesund.“

Mt 8,8

Die Kirchenschwalbe

Wenn Jonas in der Kirche sitzt, paßt er nicht immer so gut auf.
Gerade schaut er der Schwalbe zu, die durch das offene Fenster hereingeflogen kommt.
Plötzlich merkt Jonas, daß alles ganz still ist. Die Orgel spielt nicht, niemand singt, der Pfarrer sitzt vorne und sagt nichts. Alle schauen vor sich hin.
Was ist los? denkt Jonas ganz erschrocken.
Ich weiß schon, daß er mich nach dem Gottesdienst danach fragen wird. Mir bleibt gerade Zeit, eine Geschichte auszudenken.

Ein Sturzbach von Wörtern

Als Gott die Menschen erschuf, wollte er ihnen ein Geschenk machen, etwas, das die Tiere nicht kennen.
Er gab ihnen die Sprache.
Er hat es klug ausgedacht.
Er gab ihnen zwei Ohren zum Hören und einen Mund zum Sprechen.
Wörter sind etwas Kostbares, dachte Gott; darum sollen sie behutsam ausgesprochen werden und auf offene Ohren treffen.

So hat es Gott ausgedacht. Aber die Menschen hatten etwas anderes im Sinn.
Sie merkten bald, was man mit Wörtern machen kann.
Auf dem Markt begannen die Händler zu schreien, und tatsächlich, wer am lautesten rief und am längsten sprach, war auch bald der Reichste.
Die Politiker begannen in der Volksversammlung dicke, schlaue Reden zu halten, und wirklich, wer am meisten falsche Wörter brauchte, wurde am schnellsten an die Spitze gewählt.
Wenn die Leute am Abend gemütlich zusammensaßen, wollten alle sprechen, und auch hier war es so: Wer am oberflächlichsten daherredete, dem hörte man auch am meisten zu.
Überall wurde gesprochen:
im Radio,
im Fernsehen,
auf Versammlungen,
aus Lautsprechern.
Dicke Zeitungen wurden mit Wörtern vollgedruckt, und die Bücher, die an einem Tag erschienen, waren am andern schon wieder vergessen.
Was ist mit der Sprache geschehen? dachte Gott. Die Menschen sind ja schon ganz krank von den vielen Wörtern, die sie machen. Sie ersticken noch daran. Dabei habe ich ihnen die Sprache gegeben, um ihnen einmal etwas ganz Schönes zu sagen. Ich denke, ich muß es gleich tun. Dann werden sie sicher von den vielen Wörtern geheilt.
Und Gott sandte ein Wort in die Welt:
ein leises Wort,
so leise, daß es den lauten Wörtern gar nicht auffiel;
ein kurzes Wort,
so kurz, daß es zwischen den langen Sätzen genug Platz hatte;
ein tiefes Wort,
so tief, daß es von den oberflächlichen Wörtern nicht

weggeschwemmt werden konnte;
ein wahres Wort, so wahr, daß es die falschen Wörter gar nicht bemerkten.
Das Wort heißt: „Ich habe euch lieb."

„Aber warum war es in der Kirche still?" fragt Jonas.
„Weil wir alle auf dieses leise Wort von Gott hören wollten."
„Kann ich es auch hören?" fragt Jonas.
„Nicht mit den Ohren: Man kann es nur mit dem Herzen spüren."
„Gehen wir darum in die Kirche?"
„Ja, dazu ist die Kirche da, damit wir dieses leise Wort nicht verlieren. Wir brauchen es."

Bei Gott am Tisch

Während sie aßen,
nahm Jesus Brot,
sprach den Lobpreis
und gab es seinen Jüngern.

Mt 26,26

Ein kleines Brot

Jonas sagt: „In der Kirche gibt es doch auch Brot. Warum ist es so klein?"
„Weißt du", sage ich, „bei diesem Brot kommt es nicht auf die Größe an, es ist nicht Brot für den Hunger, sondern Brot fürs Herz."
„Wie meinst du das?"
„Ja, es macht zum Beispiel, daß Menschen Frieden halten."
Jonas wird neugierig: „Brot kann Frieden machen?" fragt er.
„In der Geschichte von den drei Brüdern schon."
Und natürlich muß ich auch gleich erzählen.

Die Geschichte von den drei Brüdern

Eine alte Bäuerin lebte mit ihren drei Söhnen auf einem großen Hof.
Viele Felder gehörten dazu. Genug, daß alle Brüder gut davon leben konnten.
Es waren große, starke Männer, mit hitzigem Blut, rasch im Streit, aber mit einem guten Herzen.
Als die Mutter alt wurde, sagten sie zu ihr: „Mutter,

sorge dafür, daß du gesund bleibst. Solange du da bist, haben wir Frieden."
„Ich kann nicht immer bei euch bleiben", sagte die alte Frau, „bald werde ich sterben."
„Aber gib uns doch etwas, daß wir in Frieden leben können", sagten die Söhne.
Die alte Frau schwieg. Oft sah man sie von nun an nachdenklich über die Felder gehen.
Wirklich, sie hat an alles gedacht. Sie hat für jeden Sohn einen Brief geschrieben. Sie hat jedes Feld genau bezeichnet, das er erben soll.
Ob das genügt?
Die Frau denkt weiter nach.
Und als sie auf dem Sterbebett liegt, ruft sie die Söhne zu sich. Dann nimmt sie ein Brot und bricht es in drei Teile.
„Eßt", sagt sie noch.
Dann schließt sie die Augen und stirbt.
Die Brüder essen das Brot.
Es wird naß von ihren Tränen.
Dann decken sie die tote Mutter zu und bereiten das Begräbnis vor.
Nur kurze Zeit nach dem Tod der Mutter knistert es schon zwischen den beiden älteren Brüdern.
Gerade will der älteste mit dem Pflug auf seinen Acker fahren, da sieht er schon den anderen Bruder dort.
„Was tust du auf meinem Feld!" donnert er los.
„Was, das ist mein Feld!" schreit der andere zurück.
Schon wollen sie aufeinander losschlagen, da kommt der jüngste Bruder am Feld vorbei. „Laßt jetzt", sagt er, „ihr geht nach Hause, und jeder holt den Brief, den die Mutter geschrieben hat, dann treffen wir uns bei mir."
Die Brüder knurren.
Trotzig stapfen sie nach Hause.
Schließlich kommen sie zum Haus des jüngsten Bruders. Doch sie schauen einander nicht in die Augen, sie

wollen nicht am Tisch Platz nehmen, nicht miteinander reden. Die Fäuste sind geballt; ein kleiner Funke, und der Kampf würde losbrechen.
Da zieht der jüngste Bruder ein Tuch aus seinem Rock.
Er faltet es auseinander.
Ein Brot ist darin.
Er bricht es in drei Teile.
Er gibt jedem Bruder ein Stück.
Er selbst nimmt das dritte und beginnt zu essen.
Zögernd nehmen auch die zerstrittenen Brüder einen Bissen, dann noch einen, und plötzlich stehen ihnen die Tränen in den Augen.
„Jetzt holt die Briefe hervor", sagt der jüngste Bruder.
Sie schauen sie gemeinsam an.
Tatsächlich, da war ein Fehler.
Ein Feld war zweimal aufgeführt, war beiden Brüdern zugesprochen.
„Dann bestellen wir es auch gemeinsam", sagen sie, gehen zur Arbeit zurück, und friedlich fahren nun zwei Pflüge nebeneinander.
Nicht jeder Streit war damit beigelegt. Immer wieder gab es Grund für Auseinandersetzungen.
Aber die Brüder hielten es immer so: Bevor sie kämpften, saßen sie zusammen. Und bevor sie zusammen verhandelten, brachen sie das Brot, wie es die Mutter ihnen vorgemacht hatte.

„Schenkt uns Gott darum das Brot in der Kirche, daß wir Frieden haben?" fragt Jonas.
„Ja, und daß wir einander lieben können. Mit dem Brot zeigt uns Gott, daß er bei uns ist."
„Die Mutter war ja auch immer ein bißchen bei den Brüdern", meint Jonas.
„Ja, und Gott ist beim Brotbrechen noch viel mehr bei uns. Er ist ganz bei uns. So hat es Jesus versprochen."

Gebote

Die Liebe ist der Schlüssel zu allem

Du sollst deinen Nächsten lieben
wie dich selbst.

Mt 22,39

Das Lieblingswort: Ich

„Immer ich", schimpft Jonas.
Er hat das Gefühl, seine Schwester darf viel mehr als er: Sie darf genauso lange aufbleiben, obwohl sie kleiner ist; am Morgen darf sie länger schlafen; sie muß weniger helfen.
Jonas hat das nicht gern.
Er kommt gern an erster Stelle.
Sein Lieblingswort heißt „Ich".
Ob er das Märchen vom Zauberwald kennt?

Das Märchen vom Zauberwald

Vor langer Zeit gab es einen Zauberwald. Wer ihn betrat, fand allein nicht mehr den Weg hinaus. Immer neue Bäume wuchsen vor ihm auf. Die Leute gaben acht, dem Zauberwald nicht nahezukommen, und sie warnten die Kinder davor.
Aber manchmal, wenn in warmen Nächten die Fenster offen blieben, hörten die Kinder eine seltsame Stimme. Der Zaubervogel setzte sich aufs Fensterbrett:
„Komm, ich zeige dir einen Schatz,
komm, ich mache dich reich wie einen Prinzen."
Und manches Kind schlüpfte in die Kleider und folgte dem Vogel direkt zum verzauberten Wald.

Zehn Kinder waren bereits dem Vogel gefolgt, und im Dorf herrschte große Angst.
Die zehn Kinder aber irrten miteinander durch den Wald und suchten einen Ausweg, hungrig, traurig, daß sie die Eltern nicht mehr sahen. Am Abend legten sie sich müde unter einen Baum.
Da hörten sie den Zaubervogel wieder:
„Wenn ihr morgen das Käuzchen hört,
dann seid ihr am Ort des verborgenen Schlüssels.
Er ist aus reinem Gold.
Und wer ihn findet, ist gleich zu Hause."
Der Vogel krächzte hämisch.
Am Morgen zogen die Kinder weiter.
Sie sprachen kein Wort, sie hörten nur auf die Stimmen der Vögel.
Da, plötzlich der Käuzchenruf. Hier muß der Schlüssel sein; die Kinder sind ganz aufgeregt. Wie Wühlmäuse scharren sie die Blätter vom Boden weg, graben zwischen den Wurzeln, und jedes denkt, das andere sei näher beim verborgenen Schlüssel.
Gleich beginnen sie zu streiten, einander wegzujagen, miteinander zu kämpfen, so heftig, daß eines verletzt am Boden liegt.
Die Kinder kümmern sich nicht um das Verwundete.
Nur das Jüngste sieht, was geschehen ist. Das Jüngste hat beim Suchen auch mitgemacht, aber nur darum, weil es Suchen immer lustig findet.
Als es das verletzte Kind bluten sieht, geht es rasch zu ihm hin, wäscht seine Wunde aus und hilft ihm auf, einen Schritt, zwei Schritte.
Bald kann das verwundete Kind nicht mehr gehen, da nimmt es das Jüngste auf den Rücken, geht noch einen Schritt.
Aber was ist das?
Schon geht der Wald auf, es wird hell, sie haben den Waldrand erreicht.
Natürlich gibt es im Dorf ein großes Wiedersehen. Das

jüngste Kind will aber nicht bleiben. Es packt rasch einen Korb mit Eßwaren zusammen und geht in den Zauberwald zurück.
Dort trifft es die andern.
Es gibt ihnen zu essen.
„Ihr möchtet zum Zauberwald hinaus?“ fragt es.
„Ja, aber wir können nicht, du hast uns den goldenen Schlüssel weggenommen!“
„Ich habe keinen goldenen Schlüssel gefunden“, sagt das Kind, „der Zaubervogel hat uns alle angelogen, aber ich weiß, wie ihr herauskommen könnt.“
„Wie? Sage es uns!“ rufen alle Kinder durcheinander.
„Wenn eines das andere trägt“, antwortet das Kind.
„Wir sollen einander tragen?“ Die Kinder wollen das nicht recht glauben.
„Wollt ihr im Wald bleiben?“ fragt das jüngste Kind zurück.
„Nein!“ Sofort stehen sie auf und beginnen abwechselnd eines das andere zu tragen. Aber für sie ist der Weg lang und beschwerlich.
„Ich kann nicht mehr“, seufzt eines.
„Komm, dann trag ich dich“, sagt das andere. Und gleich sind sie außerhalb des Waldes.
„Kannst du noch?“ fragt eines. Und kaum hat es die Frage gestellt, haben auch sie den Waldrand erreicht.
Am gleichen Abend sind alle Kinder wieder glücklich bei ihren Eltern am Tisch.

Jonas denkt nach.
„Vielleicht hat das jüngste Kind doch einen Schlüssel gefunden.“
„Das glaub ich auch, aber es war kein sichtbarer Schlüssel.“
„Nicht wahr“, sagt Jonas, „der Schlüssel heißt ‚hilfsbereit sein‘?“

„Ja, so denke ich auch. Hilfsbereit sein ist Liebe, und die Liebe ist das Wichtigste, sie ist der Schlüssel zu allem. Die Liebe hat die Kinder aus dem Zauberwald befreit."
„Und hineingekommen sind sie darum, weil sie nur an sich selber dachten."
Hier hat Jonas sicher recht.

Wenn die Liebe schwerfällt

Ihr habt gehört, daß gesagt wurde:
‚Aug um Aug, Zahn um Zahn':
Ich aber sage euch:
Ihr sollt dem Bösen nicht widerstehen,
sondern, wenn dich jemand
auf die rechte Wange schlägt,
so halte ihm auch die andere hin.

Mt 5,38f

Die Feinde lieben?

Jonas liegt im Bett.
Er denkt nach über den vergangenen Tag.
Es hat Streit gegeben. Wer war schuld?
„Daniel war gemein gegen mich", sagt Jonas und dann nach einer Weile: „Du, kann man wirklich die Feinde lieben?"
„Ich weiß nicht, ich denke, man kann sie nicht einfach so in den Arm nehmen.
Es ist wie beim Schaf ohne Krallen."
„Kein Schaf hat Krallen", sagt Jonas, „bitte lies vor."

Das Schaf ohne Krallen

Das Schaf ist ein sehr schwaches Tier,
es wird geplagt und leidet sehr.

Und niemand will das Schäfchen lehren,
sich gegen andere zu wehren.

Drum geht es eines Tages aus
und sucht den Göttervater Zeus.

Es klagt sein Leid, und er hört zu,
und sagt zum kleinen Schafe: „Gut –

du bist zu wehrlos auf der Welt,
drum wähle nun, was dir gefällt:

Willst du den Mund voll Zähne haben
und an den Füßen Krallen tragen?"

„Nein!" sagt das Schaf, „das schaudert mich,
ein wildes Tier sein möcht ich nicht."

„Willst du", fragt Zeus, „im Speichel Gift?"
„Nein, eine Schlange werd' ich nicht!"

„Willst du zwei Hörner auf dem Kopf?"
„Oh, nein, dann gleich ich einem Bock!"

Zeus sagt: „Du mußt doch etwas haben,
womit den Feinden du kannst schaden."

Das Schaf sagt: „Schaden müßte ich?
Den andern schaden mag ich nicht.

Sind einmal Krallen an den Händen
dann hab ich Lust, sie anzuwenden.

S'ist besser, selber Unrecht leiden
als andern Wesen Leid bereiten."

Nach G. E. Lessing

„Darf man sich nicht gegen das Unrecht wehren?" fragt Jonas.
„Doch, ich denke schon. Aber oft schlagen wir so fest zurück, daß wieder neues Unrecht entsteht."
„Darum hat das Schaf gar keine Waffe?" fragt Jonas.
„Eine Waffe nicht, aber es hat etwas eingesehen, es hat einen Gedanken: Unrecht leiden ist besser als Unrecht tun."

„Warum denkt das Schaf so?“ will Jonas wissen.
„Jesus hat dieses Beispiel gegeben, und er will uns auch die Kraft dazu geben.“
„Das ist schwer“, sagt Jonas.
„Ja, das ist sehr schwer.“

Gebote sind Spielregeln

Wenn ihr mich liebt,
werdet ihr meine Gebote halten.

Joh 14,15

Eile-mit-Weile

Beim „Eile-mit-Weile“-Spiel ist Jonas kurz vor dem Ziel. Ich kann ihn gerade noch erwischen. Seine Figur muß nochmals beginnen.
„Ich geh' nicht zurück“, schimpft Jonas.
„Doch, die Regel will es so.“
Jonas nimmt das Spielbrett und wirft es auf den Boden.
„Immer diese blöden Regeln. In der Schule gibt es Regeln, und beim Spielen geht es auch nach Regeln.“
„Möchtest du lieber im Dorf ohne Regeln wohnen?“ frag ich.
„Wo ist das Dorf ohne Regeln?“

Das Dorf ohne Regeln

Die Leute im Dorf hatten die Regeln satt.
Alles war vorgeschrieben, wann sie aufstehen, wann sie zur Arbeit gehen sollten, wann Sonntag war und wann Werktag.
Den Schülern wurde vorgeschrieben, wann die Schule beginnt, daß sie ein Taschentuch bei sich tragen und zu Hause die Zähne putzen sollen.
Es gab Regeln, wie man über die Straße geht, wie lange man am Abend duschen darf und wie lange klavierspielen.
Es waren wirklich viele Vorschriften, und die Leute

beschlossen: Von heute an gelten keine Regeln mehr.
Das war schön.
Die Schule war natürlich leer, weil alle Kinder baden gingen.
Die Leute stellten ihre Stubentische auf die Straße, weil es dort so sonnig war.
Die Jungen drehten die Stereoanlage auf und ließen sie vierundzwanzig Stunden laufen.
Als Peter aus dem Wasser stieg, fand er seine Hosen nicht mehr. Klaus hatte sie angezogen.
„Es gibt keine Regeln mehr", rief er und sprang davon.
Maja fand in ihrem Zimmer die kleine Esther vom oberen Stock. Sie war gerade dabei, Majas Lieblingspuppe zu operieren.
„Was machst du da?"
„Es gibt keine Regeln mehr", sagte Esther, packte Majas Puppen zusammen und ging davon.
„Ich war in der Schule", sagte Bruno.
„Lüg mich nicht an", schrie der Vater.
„Es gibt keine Regeln mehr", sagte Bruno, „also hab ich nicht gelogen."
Als die Leute im Dorf einschlafen wollten, schmetterten die Lautsprecher noch immer.
Viele fanden ihr Geld nicht mehr. Kinder schliefen dort, wo sie gerade waren. Auf der Straße hupten die Autos, die in die stehengebliebenen Tische krachten.
„Wo sind die Kinder?"
„Wer hat meinen Stubentisch ruiniert?"
„Wo ist mein Geld?"
„Wo ist die Polizei?"
Aber auf der Polizeinummer meldete sich niemand. Denn wenn es keine Regel gibt, braucht es auch niemand, der sie schützt.
Noch in der gleichen Nacht begann einer die Kirchenglocke zu läuten.
Die Leute eilten zusammen, und einer rief: „So können wir nicht leben!"

„Nein, so können wir nicht leben!" riefen alle zurück.
„Wir müssen Regeln haben!"
„Ja, wir wollen wieder Regeln", riefen alle zurück.
Und sie begannen, Regeln aufzustellen:
Die Kinder sollen den Eltern gehorchen.
Die Eltern sollen die Kinder lieben.
Man darf einander nicht wehtun.
Niemand darf dem andern etwas wegnehmen.
Man muß die Wahrheit sagen.
„Ja, diese Regeln wollen wir", sagten alle und gingen friedlich in ihre vier Wände zurück.

Jonas fragt: „Haben sie im Dorf nicht mehr Regeln herausgefunden?"
„Ich weiß nicht, aber ich denke, sie genügen."
„Ja", sagt Jonas, „wenn sich alle dran halten, dann genügen sie."
Jonas holt das „Eile-mit-Weile-Brett" wieder auf den Tisch und will weiterspielen.
„Mit Regeln", sagt er.

Wer kommt zuerst?

Gedenke des Sabbats:
Halte ihn heilig.
Sechs Tage darfst du schaffen und jede Arbeit tun.
Der siebte Tag ist ein Ruhetag,
dem Herrn, deinem Gott, geweiht.

Ex 20,8f

Ärger mit einem Kirchenlied

Jonas hat in „Religion" eine Hausaufgabe bekommen.
Er soll ein Kirchenlied auswendig lernen.
Es ist schwer.
„Muß ich das lernen?" fragt Jonas.
„Ich denke, es ist schön, ein Lied auswendig zu können."
„Aber doch kein Kirchenlied", sagt Jonas, „und überhaupt, damit kann man später kein Geld verdienen."
„Das nicht, aber die Leute von ‚Werklingen' würden da sicher anders denken."
„Wer sind die Leute von Werklingen?" fragt Jonas.

Werklingen

Eigentlich heißt der kleine Ort ‚Freudenstadt'.
Und so ging es auch zu dort. Die Leute lachten oft, saßen am Abend zusammen und feierten, was immer es zu feiern gab.
Sie genossen die Sonntage. Und fast in jeder Woche gab es noch einen zusätzlichen Feiertag.
Sie fanden es schön, in der Kirche zu sitzen, eine

Predigt zu hören, Lieder zu singen und nachher den Sonntagsbraten zu essen.
Freudenstadt war ein hübscher Fleck Erde. Nur, die Leute wurden nicht reich. Die Häuser waren kleiner als in anderen Städten. Als überall die Stadtmauern abgerissen wurden und die Tore verschwanden, hatten die Freudenstädter nicht einmal dazu genügend Geld. Wenn sie in andere Städte kamen, schämten sie sich.
Es muß etwas geschehen, beschlossen die Freudenstädter. Und sie steckten die Köpfe zusammen: „Keine Feiertage mehr während der Woche!“ Das war der erste Vorschlag, der auch sogleich angenommen wurde.
„Weg mit den Stadtmauern!“ auch das wurde gemacht.
„Mehr Arbeitskräfte!“ Und vorgeschlagen wurde, die Frauen ebenfalls in die Fabriken zu schicken.
Viele Frauen waren aber daheim mit ihrer Familie beschäftigt und mit der Pflege von Eltern oder Großeltern.
Die Einwohner von Freudenstadt beschlossen: „Kinder sollen in ein Tagesheim, die Alten ins Altersheim, die Kranken ins Pflegeheim!“
Rasch wurde alles gebaut. Freudenstadt wurde zum großen Bauplatz.
Baufirmen tummelten sich,
rissen ab,
bauten auf,
walzten Plätze,
verbreiterten Straßen.
„Warum heißen wir Freudenstadt?“ fragte ein Bürger.
„Werklingen sollten wir heißen.“
Und wirklich, auch dieser Vorschlag gefiel den Leuten.
Werklingen wurde groß,
grau,
laut,
langweilig
und gefährlich.

Auf den breiten Straßen rasten die Autos. Fußgänger fürchteten sich.
Die Leute trafen sich kaum noch, kannten sich nicht, grüßten sich nicht.
Manchmal schlichen die Kinder aus dem Tagesheim zu den Großeltern ins Altersheim.
„Es gefällt uns nicht in Werklingen“, sagten sie.
„Ja, ja“, murmelten die Großeltern.
„Stimmt es, daß es früher Freudenstadt hieß?“
„Ja, das stimmt.“
„Und war es auch fröhlicher?“
„Viel fröhlicher“, sagten die Großeltern.
„Aber wieso wurde es anders?“ fragten die Kinder.
„Es begann damit, daß wir die Feiertage abschafften“, antworteten die Großeltern.
Die Kinder schauten sie mit großen Augen an.
„Was sind Feiertage?“

„Was haben sie in Freudenstadt falsch gemacht?“ fragt Jonas.
„Gott war bei ihnen nicht mehr an der ersten Stelle.“
„Und darum wurde Freudenstadt zu Werklingen?“ fragt Jonas weiter.
„Ja, dann setzen die Leute irgend etwas anderes an die erste Stelle, das Geld, oder das Auto, oder das Haus, und dann haben sie keine Zeit mehr für Kinder, für alte Menschen und fürs Feiern.“
„Du meinst, ich soll mein Lied doch auswendig lernen?“

Klugheit

Bete und arbeite.

Holz stapeln

Die Sommerferien verbringt Jonas bei den Großeltern. Sie sind froh.
Er kann ihnen helfen, zum Beispiel Holz tragen. Der Ofen der Großeltern braucht viel Holz. Und das Holz muß in den Keller getragen werden.
„Warum muß ich bei solch schönem Wetter arbeiten?“ fragt Jonas.
„An schönen Tagen muß man an die schlechten denken“, antworte ich, „weißt du, wie es der Grille erging?“

Grillensommer – Grillenwinter

Den ganzen schönen Sommer lang
zirpt der Grille Wohl-Gesang.

Sie sitzt am Morgen in der Sonne
und hüpft herum vor lauter Wonne.

Sie singt am Abend ihre Lieder,
denkt, der Morgen kommt schon wieder.

Sie schaut fleiß'gen Ameisen zu,
die früh und spät und ohne Ruh

nun Korn um Korn zusammentragen,
die auf dem Ackerboden lagen.

„Was soll der Krampf?“ fragt da die Grille,
hat nichts im Kopf als ihre Spiele.

Da wird das Wetter plötzlich mieser
und nasser Regen prasselt nieder.

Die Tiere suchen ihre Nester
und bau'n sie für den Winter fester.

Die Grille merkt nun mit Entsetzen:
in ihrem Loch gibt's nichts zu essen.

Hungrig, weinend geht sie hin
zur Ameise, ihrer Nachbarin.

„Hör!" spricht sie, „leihe mir ein Brot,
ich leide nämlich große Not!

Ich schwör, ich brings dir bald zurück
und leg dazu ein Extra-Stück!"

Die Ameise fragt sehr entschieden:
„Was hast' im Sommer denn getrieben?"

„Des Sommers freut' ich mich mit Singen,
mit Musizieren, Lachen, Springen."

Die Ameise bleibt ungerührt:
„Dann tanz im Winter, wenn's dich friert."

Nach LaFontaine

Jonas erinnert sich:
„Hat Jesus nicht gesagt: Die Spatzen sorgen sich um nichts und die Lilien auch nicht?"
„Ja, aber die Lilien haben doch in der Erde ihre Zwiebeln, wo sie das Nötigste sammeln.
Jesus meint: Wir sollen nicht zuviel sammeln. Ein kluger Mensch arbeitet soviel, wie nötig ist.
Daneben hat er aber auch Zeit zum Ausruhen und Feiern."
„Dann habe ich jetzt ein Eis verdient?" fragt Jonas.

Vom Beten

Beten heißt: Hören

Als er an einem Ort im Gebet verweilt
und es eben vollendet hatte,
sagte einer der Jünger zu ihm:
„Herr, lehre uns beten."

Lk 11,1

Was brauchen wir beim Beten?

‚Was brauchen wir beim Beten?' heißt die Hausaufgabe, die Jonas lösen soll.
„Hast du alles?" frag ich.
„Ja, wir brauchen: ein Gebetbuch, wir brauchen die Gedanken, den Mund und die Hände."
„Ich denke, da fehlt etwas!"
„Was meinst du?" fragt Jonas.
„Hör zu!"

„Bete ich jetzt?" fragt das Mädchen

Ein kleines Mädchen wollte beten lernen.
Es beobachtete genau, was die Leute in der Kirche taten.
Einer öffnete ein Gebetbuch und hielt es lange vor sich hin.
Schnell wollte das Mädchen auch ein Gebetbuch haben und hielt es vor sich hin.
Zwar hielt es das Buch verkehrt herum, weil es nicht lesen konnte, aber es fragte doch: „Bete ich jetzt?"
„Nein, zum Beten braucht man auch viele gute Gedanken. Die kann man nur bekommen, wenn man das Gebetbuch richtig hält", sagte eine alte Frau und rückte das Buch zurecht.

„Kommt, gute Gedanken“, dachte das Mädchen und gab sich Mühe, viele gute Gedanken herbeizuwünschen.
Und wirklich, wie kleine Vögel kamen sie von überallher und setzten sich in den Kopf des Mädchens.
„Bete ich jetzt?“ fragte es einen alten Mann.
„Du bewegst ja die Lippen nicht“, sagte der Mann, „ich sage sie immer halblaut vor mich hin, meine Gebete“.
Und das Mädchen begann vor sich hinzumurmeln, genauso, wie der Mann es ihr gezeigt hat.
„Bete ich jetzt?“ fragte es wiederum
„Du mußt die Hände falten“, sagte die junge Frau, und das Mädchen legte das Gebetbuch auf die Bank und faltete die Hände.
Als es müde war, stand es auf und wollte die Kirche verlassen.
In der hintersten Bank saß ein anderes Kind, fast so klein wie das Mädchen.
Es hatte die Hände nicht gefaltet, murmelte nicht mit den Lippen, und ein Gebetbuch war auch nicht zu sehen.
„Was machst du?“ fragte das Mädchen.
„Ich bete!“ sagte das Kind.
„Wie kannst du beten ohne Buch, ohne gefaltete Hände und ohne zu murmeln?“
„Beim Beten brauche ich nur die Ohren“, sagte das Kind, „beim Beten höre ich zu.“

„Zuhören ist beten?“ fragt Jonas, „hört man denn etwas?“
„Wir hören Gott nicht einfach so wie wir andere Stimmen hören. Aber manchmal spüren wir: Hier ist ein Mensch traurig, wir sollen ihn trösten, das ist dann wie die Stimme von Gott!“
„Dann hören wir mit dem Herzen“, antwortet Jonas.

Beten heißt: Erzählen

Wenn ihr betet,
plappert nicht wie die Heiden:
die meinen erhört zu werden,
wenn sie viele Worte machen.
Tut es ihnen nicht nach!
Euer Vater weiß ja, was ihr braucht,
schon ehe ihr ihn darum bittet.

Mt 6,7f

Ich kann nicht dichten

„Was suchst du?" frage ich Jonas.
Er zieht alle Schubladen heraus, er blättert alle Papiere durch.
„Ich suche ein Gebet, morgen muß ich es in die Schule mitbringen."
„Schreib doch selber eines", schlage ich vor.
„Ich, ein Gebet schreiben? Ich bin doch kein Dichter!" antwortet Jonas.
„Meinst du eigentlich, Gott wolle von uns schöne Gedichte? Das wäre ja wie beim Besuch des Ministers."
„Ist das eine Geschichte?" fragt Jonas.
Und schon muß ich wieder erzählen.

Besuch des Ministers

Im Dorf war Besuch angemeldet. Hoher Besuch. Der Landwirtschaftsminister persönlich wird kommen.
Aber wer soll ihn begrüßen?
Wie wird die Rede aussehen?
Die Leute im Dorf beschließen, einen Wettbewerb zu veranstalten. Am folgenden Samstag darf jeder in der

Dorfhalle zeigen, wie er den Minister begrüßen würde. Der beste Vorschlag soll ausgeführt werden und einen Preis erhalten.
Zuerst meldet sich der Lehrer.
Er steht auf der Bühne, hebt die Stimme an und beginnt:
„Hohes Ministerium!
zum frohen Gruße ist mir drum,
ihr Kommen uns gar sehr entzücket,
ihr holder Anblick uns beglücket."
„Zu geschraubt!" riefen die Leute.
Nach dem Lehrer versucht es der Dorfwirt:
„Herr Minister!
wir sind tief gerührt, daß sie ihren Fuß auf unsre Erde setzen."
„Zu untertänig!" rief das Dorf.
Der Dritte, der eine Ansprache versuchte, war der Bürgermeister.
„Hochwohllöblicher Herr Minister...!"
„Zu vornehm", meinten alle.
Nach dem Bürgermeister steigt ein Kind auf die Bühne, putzt die Nase und sagte:
„Also, ich würde es so machen:
‚Grüß Gott Herr Minister!
Es ist schön, daß sie uns besuchen. Soll ich ihnen das Dorf zeigen?'"
„Ja", rufen alle, „das ist es, das Kind soll den Minister begrüßen."

„So sollen wir beten, Jonas, so einfach, wie dieses Kind zum Minister sprechen wird."
„Du meinst, ich soll reden, wie immer?" fragt Jonas.
„Ja, erzähl Gott doch einfach, was dich freut und was dich drückt."
„Ja, das kann ich", sagt Jonas.

Beten heißt: An andere denken

Bittet, so wird euch gegeben werden;
suchet, so werdet ihr finden;
klopfet an, so wird euch aufgetan werden.
Mt 7,7

Für die Großmutter beten?

Jonas hat die Großmutter gern.
Er weiß, daß sie krank ist.
Das macht ihn traurig.
„Soll ich für die Großmutter beten?“ fragt er, „nützt das etwas?“
Und er fährt gleich fort: „Wenn ich für die Hungrigen bete, hat das überhaupt einen Sinn?“
Ich versuche es Jonas ein bißchen zu erklären:

Die andern sind nahe

Beim Beten reden wir mit Gott.
Wir öffnen ihm unser Herz.
Wir glauben, er hört uns, und wir versuchen, auch ihn zu hören.
Aber beim Beten denke ich nicht nur an meine eigenen Sorgen. Ich kann auch an das denken, was die andern plagt und drückt.
Beim Beten sind mir die Sorgen der andern ganz nahe, denn beim Beten ist mein Herz weit offen.
Die Sorgen der anderen sind mir nahe, und ich bin den anderen nahe.
Sicher will das Gott auch so.
Und dann spüre ich auch, was ich selber tun kann.

Manchmal ist die Not weit weg. Ich kann nur daran denken und für die Menschen bitten.
Manchmal ist die Not nahe, und ich spüre: Ich selber kann etwas tun.
Manchmal ist die Not erdrückend groß, und die Bilder vom Elend stürzen auf mich herein.
Dann kann ich es Gott sagen, kann an seinen Sohn denken.
Und ich spüre: Es ist gut, wenn ich mit ihm darüber reden kann.
Ich spüre auch das: Nicht nur wir Menschen beten füreinander. Auch Jesus betet mit uns, er tritt mit uns vor den Vater.

„Für wen soll ich beten?“ fragt Jonas.
„Ich habe einen Vorschlag: Wir holen den großen Weltatlas und beten an jedem Abend für die Menschen in einem andern Land.“
„Das ist ja eine Weltreise“, sagt Jonas.

Weitere Veröffentlichungen von Josef Osterwalder

Beten wie mir zumute ist
Klage, Freude, Stille, Trauer, Dank
3. Auflage. 96 Seiten. Flexibler Plastikeinband

Das Bethaus
Gebete für Kinder in Familie, Schule und Gemeinde
Mit 12 Zeichnungen von W. M. Schmid
3. Auflage. 104 Seiten. Kst.

Der Autor möchte vielfältige und verschiedenste Räume des Gebets auftun: Gebete durch den Tag, Psalmen, Bibelgebete, Gebete zu den Zeiten des Kirchenjahres und kleine Gespräche mit der Gottesmutter. Die konkrete Sprache ist Kindern leicht zugänglich und trägt dazu bei, daß Kinder mit innerem Verständnis am Beten teilnehmen können.

Brot des Lebens
Auf dem Weg zur ersten Kommunion
Mit 4 Abbildungen und mehrfarbigem Umschlag
24 Seiten + 6seitiges Beiblatt. Kartoniert

Kleine Gebetsschule
Topos Taschenbuch 154
84 Seiten. Kartoniert

Diese kleine Gebetsschule will keine Theorie des Betens entfalten, sondern einladen in die Praxis des persönlichen Betens. Eher mosaikartig, in kurzen Sachtexten und Gebetsbeispielen, läßt sich der Autor ein auf die heutige Gebetsnot, benennt er den Sinn und den Grund verschiedener Gebetsformen und zeigt, wie Beten sich mit dem Prozeß des Lebens verbindet und sich so auch verändert.